子育てのイライラスッキリ！

ママの
アンガーマネジメント
8つのマジック

一般社団法人 日本アンガーマネジメント協会［監修］
長縄史子＋篠 真希＋小尻美奈［著］

合同出版

しょっちゅう　子どもに
イライラしていませんか?
たとえば、忙しい朝……

安我家の朝

スマイルフェアリーからのメッセージ

「何やってるの!」「いい加減にしなさい!」「なんなの!もぉ!」
あ〜ぁ、今日もやってしまった。
怒ってばっかり。ダメママだわ……。

そんなふうに自己嫌悪に陥って、自分を責めてしまっていませんか?

安心してください!
怒らないママになろうとがんばる必要はありません。怒ること自体は悪いことではないんです。

ただ、怒るのにはコツがあります。
後悔する怒り方からさよならできたり、怒っていることをうまく伝えられると最高ですよね!

筆者は、みんな子育て真っ最中のお母さん。
子どもが小さいころは怒りに振り回されていました。
でも今は、イラッ、ムカッ!　としても大丈夫。
なぜかって?　それは怒りの扱い方を知っているから。

子どもに怒りをぶつけてしまったとき、子どもの気持ちを汲んであげられないとき、わたしの子育てこれで大丈夫?　と思ってしまうのはあなただけではありません。
アンガーマネジメントを使っていい関係をつくっていきましょう。

決して手遅れではありません!

今からでも、できることがいっぱいありますよ。

CONTENTS

安我家の朝…4

スマイルフェアリーからのメッセージ…7

chapter 1 あなたはどのおこりんぼママ？…11

- 12 ● 3分でわかるアンガーマネジメント診断
- 14 ● タイプA　頼りになる！アネゴママ
- 16 ● タイプB　正義の味方！ヒーローママ
- 18 ● タイプC　初志貫徹！マイペースママ
- 20 ● タイプD　用意周到！慎重ママ
- 22 ● タイプE　白黒つけたい！ハッキリママ
- 24 ● タイプF　自由気まま！アクティブママ
- 26 　コラム1　診断を役立てよう

chapter 2 おこりんぼママになる、そのわけは？…27

- 28 ● 心のコップにたまった気持ち 〜イライラのわけ
- 32 ● どこから来るの？ この怒り
- 36 ● わたしはダメママ？ 〜怒ることは悪くない
- 40 ● 怒っている子の本当の気持ちに寄り添う
- 44 　コラム2　アンガーマネジメントと子育て

chapter 3 やってみよう！　8つのマジック…45

- 46 ● アンガーマジック1　数を数えよう〜カウントバック
- 48 ● アンガーマジック2　魔法の呪文〜コーピングマントラ
- 50 ● アンガーマジック3　呼吸を整える〜深呼吸
- 52 ● アンガーマジック4　その場を離れる〜タイムアウト
- 56 ● アンガーマジック5　温度を計ろう〜スケールテクニック
- 58 ● アンガーマジック6　怒りの記録〜アンガーログ
- 60 ● アンガーマジック7　怒りパターンをくずす〜ブレイクパターン
- 62 ● アンガーマジック8　幸せ日記〜ハッピーログ

なぜ思いどおりにならない？…65
- 66 ●自分の『べき』は何？〜理想と現実のギャップ
- 70 ●相手の『べき』を考える
  　〜周りの人にイライラするわけ
- 74 ●気持ちをラクにするために〜魔法の３つの箱

後悔しない怒り方〜アンガーマネジメント…77
- 78 ●「怒ること」と「怒らないこと」を明確にしよう
- 82 ●ママの器を広げて、怒る境界線を子どもに伝えよう
- 86 ●３つのルールを守って伝えよう

子育てのらくらくエッセンス…89
- 90 ●悪循環をまねかない叱り方
- 94 ●決めつけない伝え方
- 98 ●できないのか、しないのかの見極め
- 100 ●主体性を高めるアプローチ
- 102 ●「なんで？」より「どうしたら？」の考え方

あとがき … 106

 107 アンガーマジックの使い方
108 監修者・著者紹介

chapter 1

あなたはどのおこりんぼママ？

自分のタイプを知ることで、怒りグセに対処！
アンガーマネジメント診断

chapter 1

あなたはどのおこりんぼママ？

3分でわかるアンガーマネジメント診断

下のQ01からQ24の質問についてすごくそう思う……6点、そう思う……5点、どちらかというとそう思う……4点、どちらかというとそう思わない……3点、そう思わない……2点、まったくそう思わない……1点で回答して点数を空欄に入れてみましょう。

Q01	自分の子育ては正しいという自信がある	
Q02	世の中の規律・校則などは子どもだけでなく親も守るべき	
Q03	人の気持ちを勘違いしていたことがよくある	
Q04	生まれながらの悪い子というのもいると思う	
Q05	何事にも納得のいくまで突き詰めたい	
Q06	いいたいことはちゃんといわないとわからない	
Q07	ママ友が自分のことを何といっているかが気になる	
Q08	小さな間違いでも正せるように教えてあげたい	
Q09	自分で決めたルールを大事にしている	
Q10	夫や姑のいうことをどうしても素直に聞けない	
Q11	好ききらいがはっきりしている	
Q12	後先考えずに行動してしまうときがある	
Q13	自分がしたことは、相手にもしてほしいと思う	
Q14	子どものしつけは厳しくしたほうがよい	
Q15	頑固だといわれることが多い	
Q16	自分のことを話すより人の話をきくほうが好きだ	
Q17	どんなことでも白黒ハッキリさせたい	
Q18	行動力があって、フットワークも軽い	
Q19	自分はプライドが高いと思う	
Q20	道徳的なことにはうるさい	
Q21	外見と中身が違うといわれることがある	
Q22	あれって◯◯よね、これって××でしょ、と決めつけたくなる	
Q23	あいまいな態度は苦手	
Q24	興味があることにはなんでも首を突っ込んでしまう	

あなたの合計点　一番合計点が高いものがあなたのタイプ

Q01 点 + Q07 点 + Q13 点 + Q19 点 = 合計 点	→	タイプA
Q02 点 + Q08 点 + Q14 点 + Q20 点 = 合計 点	→	タイプB
Q03 点 + Q09 点 + Q15 点 + Q21 点 = 合計 点	→	タイプC
Q04 点 + Q10 点 + Q16 点 + Q22 点 = 合計 点	→	タイプD
Q05 点 + Q11 点 + Q17 点 + Q23 点 = 合計 点	→	タイプE
Q06 点 + Q12 点 + Q18 点 + Q24 点 = 合計 点	→	タイプF

タイプA　14ページ
頼りになる！アネゴママ

タイプB　16ページ
正義の味方！ヒーローママ

タイプC　18ページ
初志貫徹！マイペースママ

タイプD　20ページ
用意周到！慎重ママ

タイプE　22ページ
白黒つけたい！ハッキリママ

タイプF　24ページ
自由気まま！アクティブママ

chapter 1
あなたはどのおこりんぼママ？

タイプA　頼りになる！アネゴママ

アネゴママってどんなタイプ？
- いつも前向き
- 思いどおりにならないとイライラ

アネゴママはこんな人

・いつも前向きで周りのママからも一目置かれる存在。物怖じしない姿は頼もしいリーダー。

・自尊心があって自分のことを大切にできる人。頼られるとがんばっちゃうタイプです。

・プライドがありますが、じつはガラスのハート。他人の評価が気になり、悪い評価はへこんじゃう。邪険に扱われると傷つき、不意の突っ込みにめっぽう弱いタイプです。

怒りスイッチ・怒りの口グセ

- **スイッチ❶** 忙しいのに思いどおりにいかないとイライラ
- **口グセ** 　どうして言うとおりにしないの？
- **スイッチ❷** 口ごたえをするわが子にイライラ
- **口グセ** 　子どものくせに何言っているの！
- **スイッチ❸** 言ったことに反応がなかったり無視をされると、イライラ
- **口グセ** 　だまっていないで何か言いなさいよ！
　　　　　ねぇ 聞いてるの？

イライラを減らすコツ

- **コツ❶** ママはいつもバタバタ。予定どおりにはいきません。そんなときは「思いどおりにいかないこともある」と意識してみましょう。
- **コツ❷** 「それって、違うんじゃない？」と言われると傷ついちゃうのがアネゴママ。そこで今日から「意見と批判を区別」してみましょう。心が軽くなりますよ。
- **コツ❸** 相手の反応がないと無視された、大切に扱われていないのかも……と思ってしまうのは悪いクセです。"大切にされないと傷つきやすいタイプだ"と知っていれば、ムダにイライラしなくてすみますよ。

chapter 1
あなたはどのおこりんぼママ？

タイプ B　正義の味方！ ヒーローママ

- あいさつは？
- マナーわるすぎ 教えてあげないと！
- ズルしちゃダメ！
- ルールは守らなきゃ！
- ちゃんとしなさい！

ヒーローママってどんなタイプ？
- 礼儀正しく真面目
- 私がやらねば誰がやる

ヒーローママはこんな人

・正義感があり曲がったことは大キライ。信念を持って突き進む力があります。

・礼儀正しく、マナーやルールを知らない人には、ついつい口を出してしまいがち。私がなんとかしなければという思いは人一倍強いです。

・人からは真面目だと言われます。困っている人を見過ごせず、世のため人のためは朝飯前！？

怒りスイッチ・怒りの口グセ

スイッチ❶ 仲間はずれや弱いものいじめが気になってイライラ

口グセ 　いじわるしないの！

　　　　　仲間に入れてあげなさい

スイッチ❷ 子どもがウソをついたり、人に迷惑をかけるとイライラ

口グセ 　ウソをつくんじゃない！

　　　　　謝りなさい！

スイッチ❸ お礼やあいさつをしなくてイライラ

口グセ 　お礼はどうしたの？

イライラを減らすコツ

コツ❶ 正論を振りかざすことでドツボにはまることも。相手の立場や価値観を受け入れにくくなってしまいます。相手の考えにも耳を傾け、正しさにこだわりすぎないことも大切です。

コツ❷ マナーやルールは確かに大事。礼節を重んじることはよいことですが、できていない人を注意しなければ！　律しなければ！　というのはちょっと違います。必要以上に口を出してしまうと、事を荒立ててしまうので気をつけましょう。

コツ❸ 適度に目をつぶって「見なくていいものは見ない」ことも必要です。

chapter 1
あなたはどのおこりんぼママ？

タイプ C　初志貫徹！ マイペースママ

- わたしはわたし
- これが我が家のルールです
- 最後まであきらめません！
- あなたが決めたんでしょ
- 今、やりなさい！

マイペースママってどんなタイプ？
- ガンコな一面
- 内に強い芯をひめる

マイペースママはこんな人

- 「いつもやさしいよね」「子どもに怒ったことないでしょう？」と、周りから温厚でやさしく見られることが多いママ。ですが内には強い芯をひめ、中身と外見にギャップがあるタイプ。
- 一度決めたことは譲らない強さを持ち、自分ルールを大事にしています。そのため融通がきかず頑固な一面も。
- 責任感があるので人から頼まれることも多く、ストレスに感じることもあります。

怒りスイッチ・怒りの口グセ

スイッチ❶　自分ルールからはずれるとイライラ

口グセ　　「常識でしょ！」
　　　　　「ふつうは○○でしょ！」

スイッチ❷　自分のペースが乱されるとイライラ

口グセ　　「8時までにベッドに入りなさい！」
　　　　　（私がテレビを見る時間がなくなるわ）

スイッチ❸　したくないことを要求されるとイライラ

口グセ　　「私だって忙しいのよ、自分でやればいいのに！」

イライラを減らすコツ

コツ❶　子育て中は思うようにいかないことが多いもの。家事を○時までにやるべき！　オムツは布にするべき！　と自分ルールが自分の怒りの原因になっていることもあります。自分ルールをゆるめてイライラを小さくしましょう。

コツ❷　やりたくないことをやらなければいけない状況に強いストレスを感じるあなた。楽しいことを見つけて、ストレスを発散させましょう。

コツ❸　勝手な思い込みをして、イライラしてしまうことも。怒っていることは事実なのか、自分の思い込みなのかを分けて考えてみましょう。

chapter 1
あなたはどのおこりんぼママ？

タイプ D　　用意周到！ 慎重ママ

準備万端です！

お願いしたら困るかな……

本当に大丈夫？

あのママってこうじゃない？

よく考えなさい

慎重ママってどんなタイプ？
■頭の回転がいい策略家
■慎重で用心深い

慎重ママはこんな人

・頭の回転がよく、気が利くタイプ。子育て情報や人の噂話などを鵜呑みにしたり振り回されたりすることなく、自分の頭で冷静に考えることができます。
・警戒心が強く、用心深いところがあるので、人に心を開くのが苦手。ママ友とはドライなおつきあいを好みます。
・自分の思い込みからレッテルを貼ってしまうことがあります。

怒りスイッチ・怒りの口グセ

スイッチ❶ 子どもが忘れ物をしていないか気になってイライラ

口グセ 　ちゃんと用意したの？　　また忘れ物？
　　　　　あれ持った？

スイッチ❷ 石橋をたたいて渡る慎重派、危険な遊びにハラハラして怒りに。

口グセ 　ダメ！　あそこは危ないでしょ！
　　　　　あの子は乱暴でしょ？（あのママ、しつけが甘すぎるわ）

スイッチ❸ 人にうまく甘えられず、なんでもひとりで抱え込んでストレスを溜める。

口グセ 　頼んだら迷惑かも……　　私がやればいいのよ

イライラを減らすコツ

コツ❶ 子どもの行動が気になり、不安感から指示・命令をしたくなってしまいます。なんでも手出し口出しするのではなく、子どもにまかせたり、見守ることも大切ですよ。

コツ❷ 決めつけない。人を簡単に信じず、自分の思い込みでレッテル貼りをしてしまうことも。人にはいろいろな一面があることを理解しましょう。

コツ❸ 人に甘えたり、頼んだりするのが苦手な慎重ママ。なんでも自分だけで抱え込まず、家族やママ友に小さなことからお願いしたり、時には頼りましょう。

chapter 1

あなたはどのおこりんぼママ？

タイプ E 白黒つけたい！ハッキリママ

ハッキリママってどんなタイプ？
- ■向上心が高く、完璧主義
- ■物事を二元論でとらえがち

ハッキリママはこんな人

・常に論理的で合理的な判断ができ、どんな状況にあっても物事をきちんとやり遂げようとする完璧主義者。

・向上心が高いので、その分がんばらない人や、言い訳をして自分に甘い人、優柔不断な人、あいまいな態度をとる人が苦手。

・物事を良い、悪い、人を敵か味方で判断したり、極端に結論づけるところがあります。

怒りスイッチ・怒りの口グセ

スイッチ❶ 物事に白黒をつけたがり、黒と判断すると、バッサリ切り捨てる
口グセ 　お稽古行くの、行かないの？　ズル休みするくらいならもうやめなさい！

スイッチ❷ あいまいなこと、優柔不断な人、ぐずぐずしている人を見るとイライラ
口グセ 　早くして！　テレビいつまで見てるの？
　　　　　そのへんでごろごろするならベッドで寝なさい！！

スイッチ❸ 自分と価値観の合わない人にイライラ
口グセ 　この人ルーズでいや
　　　　　あの子イジワルだったでしょ。近づかないほうがいいわよ

イライラを減らすコツ

コツ❶ 白黒つけすぎないように、世の中はグレーのことのほうが多いと意識しましょう。子どもの成長過程など、完璧でないことを少しずつ受け入れるようにするといいでしょう。

コツ❷ 自分にも他人にも、少し甘くなることも大切です。相手の言った言葉や過ちに固執しないで、さらっと流すこともできるといいですね。

コツ❸ 完璧を目指さなくてもいい。周囲とうまくやっていく上では、完璧でなくてもいいこともたくさんあります。それを意識するだけでだいぶ違ってくるはずです。

chapter 1
あなたはどのおこりんぼママ？

タイプ F 　自由気まま！ アクティブママ

アクティブママってどんなタイプ？
■ しっかり自己主張
■ すぐにアクション！

アクティブママはこんな人

- 自分の考えをしっかりと持っていて、意見を周囲に伝えることに長けているタイプ。プレゼンをさせたら右に出る人はいません。
- 発言力も行動力もあるので、統率力が活かされる場面も多いでしょう。
- 全体の空気よりも自分の主張を優先させてしまうと、率直に意見を言っているだけなのに自己主張の強い人、ひどいときには支配欲の強い人と思われることもありそう。

怒りスイッチ・怒りの口グセ

スイッチ❶　あとのことを深く考えずに思ったことを言ってトラブルに！

口グセ　　「本当のことを言っただけよ」　「私は悪くない」

スイッチ❷　自分の主張が通らないとイライラ

口グセ　　「なんで言うこと聞かないの？」
　　　　　「ちゃんと言ったとおりにやって！」

スイッチ❸　発言・行動の自由を奪われるとストレス大

口グセ　　「そんなのおかしい！」
　　　　　「なんで私にやらせないのよ？」

イライラを減らすコツ

コツ❶　発言・行動する前に、一度その影響力について考える習慣をつけるといいでしょう。そうすることで、周囲からの反発や小さなトラブルを回避でき、結果的に自分のストレスがグッと減ります。

コツ❷　人の価値観・好みはさまざまです。自分の考えを押しつけないようにしましょう。

コツ❸　自分の意見を言うことも大切ですが、ときにはだまっている、ほかの人にゆずる、人を立てるほうがうまくいくときもあります。周りの空気をうかがって、一歩引いて状況判断することを心がけてみましょう。

コラム 1　診断を役立てよう

　アンガーマネジメント診断の結果はいかがでしたか？
　このアンガーマネジメント診断は『状態診断』といって、生まれつきのものを測るのではなく、育ってきた環境やそこで培ってきた常識や価値観のこだわりによってできあがった、いわゆる後天的な考え方のタイプを診断しています。
　「若いころはそんなにルールに厳しいほうじゃなかったのに、親になってみたら子どもについつい厳しくなっちゃう！」「こんなにルールに厳しい人だったっけ？」と子育てをしながら感じている方もいるかもしれません。
　怒るポイントも、子ども時代から変わらないわけではなく、自分の置かれている立場や状況によっても変化します。なので、今の自分の傾向やこだわりポイントを自覚しておくと、プッツーン！　とくる場面を想定できるうえに、自分の主張が「自分の考え方のクセかも？」と一歩ひいて考えることができるようになります。

　そして、子どもや夫、周囲の衝突しがちな人のタイプまでわかれば、その人独自の怒りポイントが推測できるので、地雷をふまず上手につきあっていくための一助になります。

chapter 2

おこりんぼママになる、そのわけは？

怒りのしくみを知ると、怒りの
コントロールがうまくいく！

chapter 2
おこりんぼママになる、そのわけは？

心のコップにたまった気持ち 〜イライラのわけ

　笑って過ごしたいのに、朝からイライラが止まらない！！　ママは毎日大変です。

　どうして怒ってしまうのか？　怒りってどうしてあるの？　と思っていませんか。怒りなどの感情を理解することで感情のコントロールがしやすくなります。怒りって瞬間湯沸かし器的に、いきなり"ボン！"とやってくると思いがち。でもじつは違うのです。

　心のなかにコップがあるとイメージしてみてください。コップの大きさは人それぞれ。大きい人もいれば、小さい人もいます。そのなかに毎日、「何か」が溜まっていきます。何が溜まっていくかというとズバリ！　"マイナス感情"（プラスの感情は浮いていく感じがしませんか？）。

　そして、溜まったものがあふれると……「怒り」になるのです。

> 怒りは「第2次感情」と言われています。怒りの裏には本当の気持ちである「第1次感情」（心配、不安、つらい、かなしい、くるしい、さみしいなど）が隠れています。

　心のなかに溜まっている気持ちに気づかずに過ごしてしまっていませんか？　怒りの裏にある本当の気持ちに気づくと怒りにならずにすむことがあるのです。

　ではここでクエスチョン。
　「朝起きてから今まで、どんな気持ちが湧いて消えていきましたか？」
　できごとや様子ではなく、あくまでも「気持ち」。一緒に考えてみましょう。

> ●朝起きて窓を開けたら気持ちのよい風が入ってきた→<u>すがすがしい</u>
> ●子どもたちがつまらないことでケンカをした→<u>あきれる</u>
> ●朝、占いで1位だった→<u>ラッキー、うれしい</u>
> ●子どもたちが遅刻ギリギリ→<u>焦る</u>
> ●ひとりの時間ができてソファーでくつろいだ→<u>ホッとする</u>

　できごとではなく、アンダーラインにあるような「気持ち」に気がつきましたか？
　次にできごとと気持ちを書き出すトレーニングをしてみましょう。

chapter 2
おこりんぼママになる、そのわけは？

 なにかが起こったときの気持ちに気づく

できごと	例：朝、子どもがなかなか着替えない。
気持ち	（例：イライラ←第1次感情は焦り、心配　　　　　）
できごと	
気持ち	（　　　　　　　　　　　　　　　　　　　　　　　）
できごと	
気持ち	（　　　　　　　　　　　　　　　　　　　　　　　）
できごと	
気持ち	（　　　　　　　　　　　　　　　　　　　　　　　）

　どうでしたか？　自分の「気持ち」に気づけず、よくわからなくなると、心のコップのなかにマイナス感情が溜まるのも早いのです。そしてあふれた瞬間にキレてしまう！　ということにもなりかねません。

　子どもにやつあたりをしてしまって後悔したことはないですか？　**気をつけて！　怒りの矛先は、特に言いやすい身近な家族に向かってしまいます。**

　おこりんぼママになる前に、今の自分の「気持ち」をしっかりと心で感じてみることが大切です。感情にはいいも悪いもありません。プラスの感情もマイナスの感情もしっかりと味わってみましょう。

自分の気持ちがわからない……そんなときは「感情を表す言葉を書き出す」ことから始めてみましょう。ママたちは毎日心のコップが満杯になりがちです。ぜひ今日から、怒りの裏にある自分の本当の気持ちに気づいてみましょうね。

 気持ちを表す言葉シート

 プラス感情（うれしい　しあわせ　ラッキー　感動……）

 マイナス感情（だるい　ゆううつ　悲しい……）

怒りは第2次感情。
怒りの裏にある気持ちに気づいて！

おこりんぼママになる、そのわけは？

どこから来るの？この怒り

おこりんぼママになったとしても、理由を知るとラクになることがあります。

イライラはどこからくるのか、怒りになるしくみを見ていきましょう。

じつは、怒りが生まれるには、段階があるのです。

怒りが生まれる段階

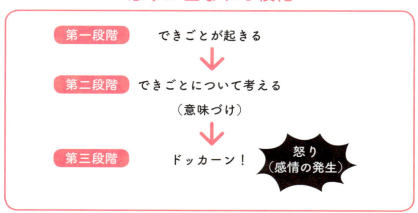

同じできごとなのに、怒る人もいれば、怒らない人もいます。どうしてなのでしょうか？ 次の表で見てみましょう。

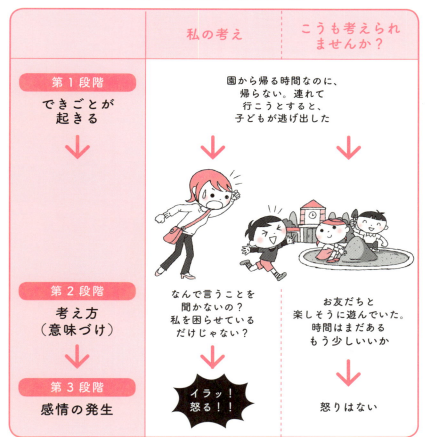

　このように、できごとは一緒でも、考え方によって怒りになったりならなかったりするんです。
　怒る？　怒らない？　のサイクルを使って別のケースでもう少し見ていきましょう。

chapter 2
おこりんぼママになる、そのわけは？

怒る？　怒らない？　のサイクル

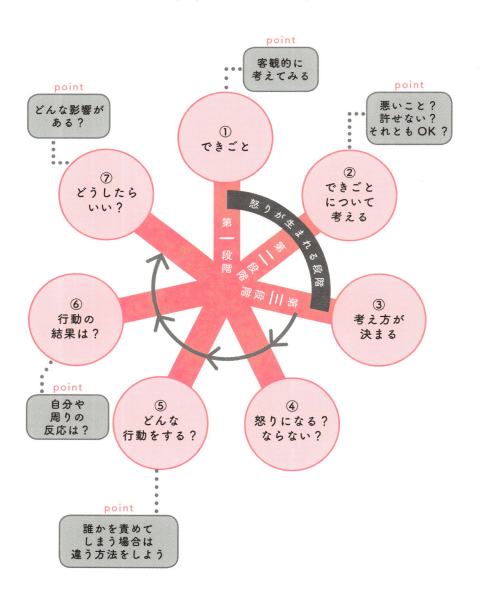

左のサイクルにあてはめておもちゃを片づけてほしいママの例を2パターン見てみます。

①	子どもがおもちゃを片づけない	
②	言われたら片づけるべき・出しっぱなしにするべきではない	
	Aパターン	Bパターン
③	片づけないのはおかしい＝悪い	片づけないのは理由があるのかも（＝遊びたりない、片づける場所がわからない）
④	イライラ！（怒り）	怒りにならない
⑤	「片づけなさい！何度言ったらわかるの！」とどなった	「10分たったら（時計の針が5時30分をさしたら）この箱に入れて片づけようね」と言った
⑥	子どもが泣きながらイヤイヤ片づけた	10分後、子どもが箱のなかに片づけはじめた
⑦	どなったら言うことを聞いた→今度からどなろう！どなるのが習慣になる	どならなくても片づけられる方法がある

考え方で怒りになるかどうかが決まる！＝考え方を変えると怒りはコントロールできるのです☆

chapter 2
おこりんぼママになる、そのわけは？

わたしはダメママ？
～怒ることは悪くない

　怒りはキライですか？　怒っている自分はイヤ、ダメママだと思いがち。でも、怒ること自体は悪いことではないのです。

　でも小さいころに
「そんなに怒るんじゃない！」
「人前で怒るなんて、恥ずかしい！」
　そう言われて育ってきたとしたら、「怒り＝悪」だと思ってしまいますよね。

　確かに、「怒り」の感情は厄介。破壊のエネルギーになったり、怒っている人を見るとなんだかこっちも腹が立ってきたりします（「**情動伝染**」といいます）。

　ここからはクエスチョン。次の質問に YES か NO で答えてみてください。
　直感で答えてくださいね。

① 1日に何度も怒ってしまう
② ちょっとしたことでもキレやすくなった
③ 怒りすぎたなぁと反省することがある
④ 忘れられない怒りがある
⑤ イライラすると口が悪くなったり手が出たりものにあたることがある
⑥ 怒ったあとで罪悪感を抱くことがある

どうでしたか？

全部YESだった、という場合でも大丈夫。ダメママなんかじゃありません。

怒りはうれしい悲しいなどと同じ自然な感情のひとつ。怒ってもいいんです。

ただし次のことにあてはまっていたら気をつけて過ごしてみてほしいのです。

「いつも怒ってる……」と言われる
「そんなに怒ること？」と不思議がられる
「一生恨みます〜」という恨めしい過去がある
「怒ると口が悪い」「怒ったら手がつけられない」と陰でささやかれる

chapter 2
おこりんぼママになる、そのわけは？

当てはまったママ、安心してください。今日から改善していきましょう♪
　怒りの感情は、大切な気持ちのひとつ。怒りの感情は決して私たちからなくなることもありません。
　けれども頻度が高い、強度が高い、持続性がある、攻撃性がある怒りは問題です。 そんなときには、ワークを参考にしてみてくださいね。

怒りをきらいにならず、上手につきあっていきましょう♪
イライラが落ち着く方法をいくつか紹介します。

気持ちを落ち着かせるテクニック

1 いつもイライラしているあなたは怒りの頻度が高い状態……

↓

気分転換がオススメ！
楽しいことってどんなこと？

ヨガ

私の気分転換メニューリスト

- ....
- ....
- ....
- ....

お気に入りのカフェ

2 忘れられない怒りがあるあなたは怒りの持続性がある状態……

↓

五感を使って何かをすることがオススメ！

- □ よく味わって食べる
- □ マッサージ・指圧
- □ 利き手以外を使う
- □ 好きな香りを味わう
- □ 音楽のリズムを聴く

3 ドカ〜ン！ とキレてしまうあなたは怒りの強度が高い状態……

↓

そんなときにはイラッとするたびに怒りの温度を計ってみましょう♪

怒りの温度計

```
10 ……… 人生最大の怒り！
7〜9 … 怒り心頭・爆発寸前
4〜6 … 頭にくる
       腹が立つ
1〜3 … カチンとくる
       不愉快
0 ……… 穏やか
```

chapter 2
おこりんぼママになる、そのわけは？

怒っている子の本当の気持ちに寄り添う

　子どもがグズったり、癇癪（かんしゃく）を起こしたりすることはありませんか？ そうなると、もう手がつけられない！ ママはお手上げ！
　そんなとき、試してほしい方法があります。子どもの行動の裏にある気持ちをさぐる探偵になるんです。
　寂しい？　悲しい？　不満？　不安？
　どんな気持ちがありそうですか？

　気持ちに寄り添えると、子どもは怒りにくくなります。わかってもらえたという安心感や満足感で心のコップが満たされるんです。これってとても大切なこと。

　今度からは、なんなの！ と思う前に、どんな気持ちかな？ と気にかけてみましょう。わかってほしくて怒っていますから、気持ちに近づくことで、子どもはもっとママのことが大好きになります！ お互いに心に寄り添えると幸せですね♪
　そこでトレーニング。子どもの表情から気持ちを考えてみる訓練をしてみましょう。

ワーク 子どもの表情から気持ちをさぐってみよう！

〈楽しい・落ちこむ・悔しい・恥ずかしい・困る・焦る・うれしい〉

chapter 2
おこりんぼママになる、そのわけは？

次に、怒っている子どもの気持ちに寄り添うワークにチャレンジしてみましょう。

 文章から気持ちをさぐってみよう！

1 あっちゃんは5歳の女の子。お絵かきをしていたら、3歳の弟のまぁくんにグチャグチャにされてしまいました。思わず「まぁくんなんて、大キライ！」とどなって、まぁくんもギャン泣き。
あっちゃんが怒った裏には、どんな気持ちがありそうですか？

----

2 みっくんは7歳の男の子。妹のさっちゃんはまだ赤ちゃん。ママはさっちゃんのことばかりかまっています。なんだかおもしろくなくて、突然ワァーッと泣き叫んじゃいました。
みっくんが泣き叫んだ裏には、どんな気持ちがありそうですか？

【子育てエピソード①】

　私も忙しいときに無意識に"近寄らないでオーラ"を出してしまうことがありました（苦笑）。

　当時5歳だった息子に、
「ママ、なんだかいつもと違うね。気持ちは話さないとダメだよ」
と言われたことがあります。

　ドキッとしました。ちゃんとわかっているんだなって。
「うるさいから、話しかけないで！　あっちへ行って！（怒）」
ではなく、「ママ今ね、どうしたらいいかな……って困っているの」
と正直に伝えると、5歳でも話をきいてくれます。

　息子はそのとき、「そうなんだ、ママがんばってね！」と言って、頭をなでてくれました。私はなんだかとてもうれしくなりました。
　気持ちに寄り添ってもらえる喜びは、大人も子どもも変わりはないものですね。

気持ちに寄り添うことは、
何よりも強力な魔法☆

コラム 2　アンガーマネジメントと子育て

　アンガーマネジメントは、1970年代にアメリカで誕生した「イライラと上手につきあう」心理トレーニングです。海外では、教育・福祉・企業・政財界・スポーツ界・司法などたくさんの分野で活用されています。

　アンガーマネジメントは決して怒らなくなる方法ではありません。怒りはなくならないし、なくすこともできない大切な感情。けれども、怒りの感情は人間関係を壊してしまうくらいパワフルなものなので、取り扱いには注意が必要です。そして、怒りは親から子、上の子から下の子、下の子は外で言いやすい子にぶつけ、連鎖していきます。

　アンガーマネジメントは、年齢・性別・学歴・職業を問わずにシンプルに繰り返しできるテクニックで誰でもすぐに始められます。

　実際に子育て中のお母さんにアンガーマネジメントをお伝えすると、「なんだかラクになりました！」「心が軽くなり希望が持てました」「今日から実践します！」「自分がいかに気分によって怒っていたのか気づきました。今日からやってみます！」など前向きな感想をもらいます。

　少しずつトレーニングをすれば、後悔しない上手な怒り方ができるようになっていきます！　イライラで後悔しない子育てに向けて、さぁレッツ☆アンガーマネジメント♪

chapter 3

やってみよう！
8つのマジック

自分の怒りをなんとかしたい！
と思ったときに、試してほしい
8つのマジックをフェアリーが紹介します。

chapter
3
やってみよう！ 8つのマジック

アンガーマジック1
数を数えよう〜カウントバック

　ママは周りの状況をキャッチするのがとても上手。子どもが何かをやってしまったその瞬間、つい口や手が出てしまい、言いすぎちゃった、やりすぎちゃったと後悔することはありませんか？

　じつは頭にきたとき、絶対にやってはいけないことがあるんです。それは、ズバリ「反射」！

　「あ〜ぁ、いつもやっちゃっているわ……」と思ったママ。大丈夫。今日から反射的に言い返したり、やり返したりするのをやめればいいのです。

　感情のピークは6秒と言われています（諸説ありますが）。感情が高ぶっているときって、何をしてもロクナコトにはなりません。

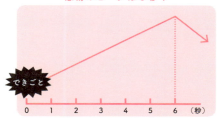

感情のピークは6秒！

そこでアンガーマジック！　頭にきたら数を数えるクセをつけましょう。簡単なのに、効果てきめんです。1，2，3，4，5……と6秒数えたり、100、97、94、91……と100から3ずつひいたりしてみましょう。

6秒数えるときのポイント

- 怒り心頭のまま数を数えても感情のピークは過ぎません。まずイライラから頭を切り離すこと
- 親子げんかになりそうなときは、1、2、5、6、8……と数字を飛ばして声に出して数えてみると、お互いに気がまぎれます

　子どもと一緒にゆっくり6まで数えるのもオススメです♪
　覚えておいてくださいね！　どんなに頭にくることがあっても反射的な行為は禁物。早速、今日からレッツチャレンジ！

イラッとしたら、反射は禁物。
6秒数えて感情のピークを逃しましょう。

chapter 3 やってみよう! 8つのマジック

> **アンガーマジック2**
> # 魔法の呪文～コーピングマントラ

イラッとしたとき、反射を抑えるアンガーマジック2!

比較的取り組みやすく、無意識のうちに日常に取り入れている人も多いのが、この「コーピングマントラ」。

自分の気持ちをしずめる「特定のフレーズ」を用意しておいて、イラッとしたとき、心のなかで唱えるというもの。自分に言い聞かせることで、気分を落ち着かせたり、客観的になれたりします。

たとえ意味のないフレーズでも、気分が変わったり、怒りの感情から離れられそう、リラックスできそう、と思えるならなんでもOK!

「マントラ」は「呪文」、「コーピング」は「対処する」という意味で使われる言葉。つまり、怒りを感じたとき、とっさにいらない一言を言わないために、「呪文を唱えて対処する」というマジックです。

大切なのは、怒りを感じたときに毎回必ず実践すること! そして習慣づけること!

わたしのマントラ

- 「大丈夫、大丈夫」
- 「たいしたことじゃないさ」
- 「子どもは1000回言って初めて覚える……」
- 「どならない、どならない。深呼吸、深呼吸」

どんな言葉でも「唱えている間は反射しない」ことを習慣化しましょう!

chapter
3
やってみよう！ 8つのマジック

アンガーマジック3
呼吸を整える〜深呼吸

　子どもを前にして怒りで「カーッ！」と頭に血がのぼることはありませんか？　そんなときにおすすめしたいアンガーマジックはズバリ！「深呼吸」です。私たちが怒りを感じたとき、じつは体も変わっているのを知っていますか？　全身に力が入り、心臓ドキドキ。血圧は上昇、呼吸も速く浅くなっています。

　そんな体の変化に気づいたら、まずは呼吸を意識的に整えてみてください。深呼吸をすることで、副交感神経のはたらきが高まって、心と体がリラックスできますよ。

深呼吸のやり方

① 鼻から大きく4秒吸って、いったん呼吸を止める

② 口からゆっくりと6秒吐き出す

③ これを2, 3回行う

呼吸を整えて、自分を落ち着かせたら子どもに感情的に怒りをぶつけずにすみます。

　深呼吸のポイントは、「息を吐き切ること」。自分の抱えているモヤモヤとした怒りも、呼吸と一緒にスーッと抜けていくようなイメージで、吐き切ってみましょう。

　体のよけいな力が抜けてリラックスして、自分の怒りが小さくなっていることに気がつきます。目を開けても、閉じていてもどちらでもOK。

　その場で深呼吸するだけなので、いつでもどこでも誰でも！　簡単にできますよ。一呼吸おくだけで、子どもに感情のまま怒りをぶつけるのを防ぎ、より適切な言葉をかけられるようになります。
　子どもに強い怒りを感じたら、アンガーマジック4の「タイムアウト」と一緒に使うのもおすすめです。隣りの部屋やベランダ、トイレなど、子どもから少し離れた場所で、深呼吸をしてみましょう。

息が荒くなったらゆっくり深呼吸。イライラ、モヤモヤを息と一緒に吐き出してしまいましょう。

chapter 3 やってみよう！8つのマジック

アンガーマジック4
その場を離れる〜タイムアウト

子どもにたたきたくなるほどの強い怒りを感じたときはどうする？
ピピーッ！　その場から、退場しましょう。
感情的に怒りをぶつけそうになったときのアンガーマジックはズバリ！「タイムアウト」。一時的にその場から離れるのです。

タイムアウトは、怒りがエスカレートする前に、怒りに自分がコントロールされるのを防ぐためのマジック。子どもから離れて、隣の部屋に移動する。トイレにこもる。ベランダに出る。
子どもから少し離れることで、必要以上に強い怒りをぶつけずにすみますよ。そして、離れたことで、自分の怒りと冷静に向き合う自信がつきます。

ママが急に怒って目の前からいなくなったとき、子どもは置いてきぼりにされたと感じて、ますます感情が乱れて怒ったり、号泣したり、さわいだりしたことはありませんか？

タイムアウトをする目的は、子どもを不安にさせたり、泣かせたり、寂しがらせることではありません。ママの怒りを必要以上に子どもにぶつけないため。その場を立ち去るときは必ず一言「ママ、今からトイレにこもるね」と子どもに伝えて、タイムアウトをしましょう。

タイムアウトで注意すること

- 子どもに何も言わずにその場を立ち去るのはNG
- タイムアウトの最中に、大声を出す、物にあたる、怒りを思い出すようなことはNG

　それから、タイムアウトの最中に、物にやつあたりしたり、大きな声を出すのもNG。ますます怒りが大きくなったり、持続してしまいます。子どもから離れたら、なるべくリラックスできることをしましょう。例えば、お気に入りのアロマをたく、音楽を聴く、ハーブティーを飲む、ストレッチをするなど自分が好きなことがおすすめです。

　ちなみに、タイムアウトは、夫婦げんかのときにもおすすめ！　お互いに怒りでヒートアップしたときには、一時的にその場を離れると、お互いにクールダウン。クールダウンができれば、建設的な話し合いができます。そのときも同様に相手に一言伝えて離れましょうね。「逃げた！」と思って、相手は怒りが増してしまいますから。

chapter 3
やってみよう！ 8つのマジック

　タイムアウトと反射は違います。
　スーパーでダダをこねる子ども、公園から帰りたがらない子どもに対して、「もうその場にいなさいっ！！」と、子どもをその場に置いていきたくなることはありませんか？

　これは、「タイムアウト」ではなく、やってはいけない「反射」です。タイムアウトをする目的は、怒りを小さくして自分の感情に冷静に向き合うため。

　ですが、「反射」として子どもから離れるとき、子どもに罰を与えることが目的になっています。
　「反射」で子どもをその場に置いていくことは、子どもを恐怖心や不安でパニックにさせるだけでなく、ケガや事故につながる可能性もあります。
　タイムアウトをするときは、子どもから離れても安全な場所であることが条件です。必ず子どもに一言伝えてからその場を離れましょう。

タイムアウトするときはルールを忘れずに！

マンガ タイムアウト失敗談

chapter
3
やってみよう！ 8つのマジック

> **アンガーマジック5**
> ## 温度を計ろう〜スケールテクニック

　「ママ、怒りすぎ！」「そんなに怒らなくてもいいのに」そう子どもに言われたこと、ありませんか？　怒りをうまく扱えないと、「怒っているか」「怒っていないか」のどっちかになってしまいがち。

　そこで今日からできるアンガーマジック！　イラッとしたら、**今の怒りのレベルはどのくらい？　と10段階で計ってみましょう**。これが「スケールテクニック」。いわゆる怒りの温度計です。

　「怒っているか」「怒っていないか」ではなく、怒りには幅があります。

　毎日の気温のように怒りも数値化してみると、幅広い感情であることがわかってきます。

　今の怒りは、レベル8？　5？　3？　それとも……レベル10？　ちょっと待って！　気をつけて！　レベル10は人生最大の怒りです。相手を殺したいと思うくらいの強〜い気持ちなんです。本当に殺意を感じていたら困るのですが（笑）。

　怒りのレベル5のところをマックス10で怒りを爆発させたり、怒りのレベル3のところを8でどなってしまったりすると、理不尽な怒りで反感を買ってしまいますよね。そして、不適切な怒り方は、後悔

と罪悪感につながります。

「何度」言ったらわかるの！「いつも」言ってるでしょ！　と思わず言ってしまう怒りにも要注意。

同じことでイライラがつのり、怒り方が強くなってしまいます。

コツは、「そのできごとだけ」を考えて怒りの温度を計るようにすること。くれぐれも、前のことを蒸し返さないようにしましょうね。

怒りの温度計

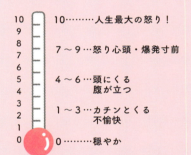

- 10……人生最大の怒り！
- 7〜9…怒り心頭・爆発寸前
- 4〜6…頭にくる　腹が立つ
- 1〜3…カチンとくる　不愉快
- 0……穏やか

点数をつけることで、イライラから意識が離れると、客観的にどのくらい怒っていたのかわかってきます。
レベル（温度）をつけると、4だからどうなる必要はないなぁとか、2だから怒るまでもないなぁと気持ちをしずめることができるようになります。
今日からイラッとしたとき、怒りの温度計でレベルをつけてみましょう。

―――― さらにワンポイント！決めテクポイント ――――

怒りのレベルが高いとき、どうしたら低くなるか、気持ちが落ち着くか具体的な方法を知っておくといいですよ。急いでいるのに子どもがグズグズしている（怒りレベル6）→景色のよいところに散歩に行く→怒りレベル3→夜お風呂に入る→怒りレベル1→好きなアロマの香りをたいて寝る→レベル0。
落ち着くことを実践して満足すると怒りがおさまります。怒りのレベルを高いままにしないことが大切です。

「いつも」「何度も」は加算せず、
イラッとしたら怒りの温度を計ること。

chapter
3
やってみよう！ 8つのマジック

> **アンガーマジック6**
> # 怒りの記録～アンガーログ

　自分の怒りをマネジメントするのには、怒っているときの自分がどんな状態なのかを理解することが最初のステップ。少なくとも最初の2週間は、ムカッ！　イラッ！　としたとき、できるだけすぐに「アンガーログ（怒りの記録）」をつけるようにしましょう。

　そして冷静になってから自分の言ったこと、したことを見直して、分析することで、自分の怒りの傾向が見えてきますよ。アンガーログをつけたら、同時にアンガーマジック5のスケールテクニックを使って、その怒りに温度をつけてみましょう。ログの習慣がつくと、怒ったときの自分を客観的に見られるようになり、怒りにのまれることが少なくなっていきます。

分析の仕方

- 自分が怒る事柄・対象など、傾向を分析
- 自分の怒り方の表現について分析
- スケールテクニックと組み合わせて、この怒りが自分にとってどれくらいの重要度（温度）なのか、そして自分の態度・表現はどの温度に相応していたかを検証しましょう

アンガーログ

* いつ

　--

* 何があった？

　--

* 自分はどんな反応をした？

　--

* スケールテクニック（57ページ参照）
  を参考に怒りに温度をつける

10………人生最大の怒り！	
7〜9…怒り心頭・爆発寸前	1〜10で
4〜6…頭にくる　腹が立つ	
1〜3…カチンとくる　不愉快	
0………穏やか	

時間を置かずできるだけその場で。
脚色しないで事実に忠実に書きましょう

chapter 3

やってみよう！ 8つのマジック

アンガーマジック7
怒りパターンをくずす〜ブレイクパターン

「いい加減にしなさい！」「何度言ったらわかるの？」「まったくもう！」なんて、いつも同じ言葉を使っていたりしませんか？
　そして強く言ったあと、子どもの反応が思うようにいかないと「もう知らない！」とつき放したり、イヤミで「どうせしないんでしょ」とか「もうしなくていい！」とさせたいことと反対のことを言ってみたり……。

　私たちは、よくも悪くも自分の「怒り方のパターン」を持っています。そして、特に頭に血がのぼっているようなときは、判断力・思考力が低下している状態なので、効果のあるなしにかかわらず、ワンパターンになりがち。そのまま同じ怒り方を繰り返していると、負のスパイラルに陥ってしまうこともあります。

　子どもに伝わる怒り方・叱り方をするには、自分のパターンを客観的にとらえて、そのなかから自分にできそうなことを見つけて、ワンパターンから抜け出しましょう。一度に多くのことをしようとしないで、ひとつだけいつもと違うことをしてみましょう。

ブレイクパターンのやり方

1 ベースになるのはアンガーログ（58ページ）。自分のアンガーログを集めて、最初に自分のパターンを見つけましょう。

> **例1** 怒ったときに、いつも言う言葉
> →「まったく、もう」「いい加減にして」「なんでそうなの」

> **例2** いつもする行動
> →まくし立てて怒ったあと、反応が悪いとつき放す、「もうやらなくていい」などイヤミを言いながらも、子どもが反省してやるのを待っている

2 次に、アンガーログのなかで例外（いつもより少しマシなとき）を探します。

> **例** この日は、率直に悪い点だけを指摘できた。子どもへの指示が的確にできたので、子どもの反応もいつもよりよかった

3 そして「例外」をヒントにできそうなことを考えて、実践します。

> **例** 指示を具体的に言うと、子どもにもわかりやすかったみたいだったから、イヤミやまくし立てるのをいったんやめて、具体的に「これしなさい」と言ってみる

―――――― さらにワンポイント！ 決めテクポイント ――――――

「怒り方」というのは、小さいころに自分が怒られたときの親の真似をしたり、周囲の人の怒り方をいつの間にか身につけてしまうことがほとんど。
つまり、後天的に身につけた表現法なので、上書きすることもできるのです。自分の怒り方を改善していくには、まず自分のいつものパターンを知って、その言動を変えていくトレーニングが大切。

大きな変化を作ろうとしないで、「ひとつだけ違うことをする」つもりでいると、続けやすいし、具体的な効果を実感しやすくなるわ。

chapter 3

やってみよう！ 8つのマジック

アンガーマジック8
幸せ日記〜ハッピーログ

　最近の私ったら、子どもに怒ってばかり。鏡に映る自分の顔は、いつも怒り顔。なんでこんなに腹が立つことばかりなの？　私の心は怒りでいっぱい！

　ママのイライラが溜まっていると自覚したときにおすすめしたいアンガーマジックは、ズバリ！　「ハッピーログ」。怒っていることを書き出したり、自分の怒りに向き合うことがつらいと感じたときには、喜びや楽しさを記録します。

　日々の生活のなかにある小さな喜びや楽しさに気づき、気持ちが前向きになります。「喜び」や「楽しさ」を見える化することで、ママの心をハッピーで満たしてあげましょう。

　アンガーマジック6のアンガーログは、ママの怒りを「見える化」させたもの。ママが何に対してどの程度の怒りを感じるのかを把握できるマジックでした。

　ハッピーログは、ママのポジティブ感情を「見える化」させたものです。ママが何に対して、どの程度喜びや楽しさを感じるのかを客観視できるマジック。

　怒りをコントロールするためには、まずは自分を知りましょう。そ

して、心が怒りやストレスでいっぱいのときには、ハッピーログを書き出して、ハッピーを感じられることをたくさん見つけてください。

「ハッピーログ」

日時・場所	●月●日　家　夕飯中
できごと	4歳の●●が、いつも残すピーマンを完食した！
思ったこと、感情	初めてピーマンを全部食べてくれた。細かく刻んで正解！うれしい！
うれしさの強さ	8

- 日時・場所: うれしさ、楽しさを感じた瞬間や場所
- できごと: ハッピーを感じたできごと（事実）
- 思ったこと、感情 / うれしさのボキャブラリー
- うれしさの強さ: 1〜10まで。うれしさのレベル

効果　毎日腹が立つことばかり、苦しいことばかりと思っているママに、生活のなかにある小さな喜び、子育ての小さな楽しさを感じてもらえる

内容　うれしかったことや楽しかったことの記録

使い方　どんなささいなことでも構わないので、うれしかったことや楽しかったことを記録

注意事項　気分が沈みがちなときは楽しいことさえも書くのがつらい状況もあります。そんなときは、無理に書かずに、睡眠や休養を充分にとることも必要です

アンガーも、ハッピーも、「見える化」するのが、ハッピーへの道。

親子でいっしょにトライ！アンガーマジック 1・2・3

親がイライラしたり、ストレスがたまっているときに自分だけではなく子どもも一緒に取り組めるものを紹介します。

① 一緒にスポーツ

体を動かすことで
攻撃的なエネルギーを発散

② 親子でストレッチ

セロトニンが分泌されて
リラックス

③ 怒りを描いたら、破ったり丸めたりしてゴミ箱へ

イライラを
見える化しよう！

ママは
言葉で
書くのも
OK！

怒りを外在化して
スッキリさようなら

chapter 4

なぜ思いどおりにならない？

イライラするのは、たいてい
思い通りにいかないとき。
そのとき心のなかにあるものは……？

chapter 4
なぜ思いどおりにならない？

自分の『べき』は何？
〜理想と現実のギャップ

　子どもに対して「なんで教えたのにできないの？」「どうしてちゃんとやらないの？」とガッカリして怒ってしまうこと、ありますよね。
　chapter 4では、「理想」と「現実」のギャップにフォーカスしていきます。

　私たちは無意識のうちに子どもに対して「できて当然」「やって当然」「これ当たり前」「ふつうは……でしょ」という思いを持っています。

- ●教わったことはちゃんと身につけるべき
- ●発表会の練習は一生懸命するべき
- ●食事は座ってきちんと食べるべき
- ●使ったものはいつも元の場所に戻すべき
- ●約束したことは守るべき

　自分にとっては当然すぎて、意識したこともないようなことばかり。
　それが目の前で裏切られたときに初めて気づくので、つい子どもが自分を怒らせていると思ってしまいがち。

しかし、chapter 2で説明したように怒りには生まれるサイクルがあり、「**子どもの言動**」＝「**自分を怒らせること**」ではなくて、その**意味づけをしているのは自分**です。つまり自分の心のフィルターを通して、怒りを発生させているわけです。
　子どもが同じようなことをしても、怒るママとそうでないママがいるのは、フィルターが違うからなんですね。

　ママにとっては「できて当たり前」と思っていることを「子どもがやらない」「(いつまでたっても) できるようにならない」と、いらだつのはわかりますが、だからといって、怒ったら子どもがすぐにできるようになるわけではないのが現実。

　自分の「当たり前」「当然」をゆずらないかぎり、これから先も子どもが期待どおりにいかないたびに、ずっとイライラし続けることになります。

chapter 4
なぜ思いどおりにならない？

　アンガーマネジメントでは、自分の「当たり前」——もっと言えば「理想」や「願望」を、ひとまとめにして『べき』と呼んでいます。

　怒りを感じるとき、できごとの意味づけには自分の『べき』が深く関係しているので、自分の『べき』がどんなふうに隠れているのか、見てみましょう。

例1）子どもが言うことをぜんぜん聞かない！
「何度も同じことを言うのはめんどう」「私をわずらわせる」
　べき ➡ ・親の言うことはすぐ聞くべき、わずらわせるべきではない
　　　　　・言われたことは覚えておくべき

例2）朝、ぐずってきげんが悪い！
「忙しい時間なんだから困らせないで」
　べき ➡ ・忙しい朝はさっさと動くべき、親に協力すべき
　　　　　・朝眠くないように前の夜早く寝るべき

　文字にしてみると、子ども相手に無理難題を言っているかも？
　子どもが自分の思いどおりにならなくても、それは子どもが意図的にしているとは限らないし「育児の失敗」でも、「母親スキルが低い」

わけでもありません！

　ここで、自分の『べき』を洗い出してみましょう！

　子どもに対するイライラから、どんな『べき』が見つけられますか？

イライラシーンから自分の『べき』をリサーチ

イライラすること	自分の『べき』
（例） ・子どもが洗濯物を脱ぎっぱなし	➡洗濯物は決められた場所に出すべき！
・	➡
・	➡
・	➡
・	➡
・	➡

　怒りを感じるとき、その背景には自分の『べき』があって、それが叶わないから、ということをおわかりいただけましたか？

　怒りは、自分の「理想」や「願望」が叶わないときに感じるもの。自分の『べき』への執着が強ければ強いほど、怒りは大きくなる……と意識しましょう。

イライラを減らすには、現実を変えようとするより自分の『べき』を押しつけないことが近道！

なぜ思いどおりにならない？

相手の『べき』を考える 〜周りの人にイライラするわけ

　「きちんとした子どもに育てたい」という気持ちから、「理想の育児」「理想の子ども」あるいは「理想の母親（自分）」というイメージを強く作り上げてしまうことがあります。

　思いどおりにならない子ども、子どもに甘すぎる、逆に厳しすぎる夫、あるいは、姑・先生・ママ友とのストレスなど、自分の理想に沿わない関わり方が多すぎて「やりにくい！」と思うこともあるでしょう。

　「パパ、少しは協力してよ！」「あのママ、ふつうそういうこと言わないでしょ！」と思うとき、ここでも私たちは無意識のうちに自分の『べき』に照らし合わせて、ストレスをためています。

　「思いどおりにいかない！」
　そんなストレスの原因は子どもだけが理由ではないのですが、子どもが困らせるとき、自分の心のコップにたまったマイナス感情が噴き出してしまい、つい子どもに強くぶつけてしまう……

自分の「理想」も「当たり前」も自分の価値観であって、ほかの人たちも同じはずと思うのは「思い込み」でしかないのかも。

理想としている『べき』は、自分にとっては、とても正当で大切な価値観です。でも『べき』は人それぞれ違います。立場によっても違います。

ほかの人にはほかの価値観や立場があって、それに基づいて動くわけですから、『べき』がくいちがうことも当然あります。

「子育てはこうあるべき」「こう育てたい」という理想も、「母親である私に合わせるべき」という思いもあるかもしれませんが、でも子どもはみんなの協力があって育てられるもの。

ほかの人の気持ちも汲んで、イライラを減らしていきましょう。

次のページのワークでは、今度は子どもにかかわる周囲の大人に対して、自分がイライラする事柄をリストアップします。そしてそこから自分の子育ての理想の『べき』と、ほかの人の行動の元となっている『べき』を照らし合わせてみましょう。

価値観は人それぞれ。自分の『べき』が大切なように、人の『べき』も大切に扱うと、摩擦がグッと減るわよ！

chapter 4
なぜ思いどおりにならない？

 子どもにかかわる大人に対して
イラッとすること

夫に対して
- 少しは勉強でも教えてあげてほしいのに、子どもと一緒になってテレビを見て笑っている
-

お姑さんや家族に対して
- デザートは食事のあとと決めているのに、アイスクリームを夕方に買って与えてしまう
-

ママ友に対して
- 子ども同士のトラブルを先生に相談したら、あの人はいちいち告げ口すると陰で言われてた
-

先生に対して
- よその子がトラブルの原因をつくったのに、乱暴だからとうちの子ばかりが注意される
-

では、その人の行動の裏にはどんな『べき』があったのでしょう？

例

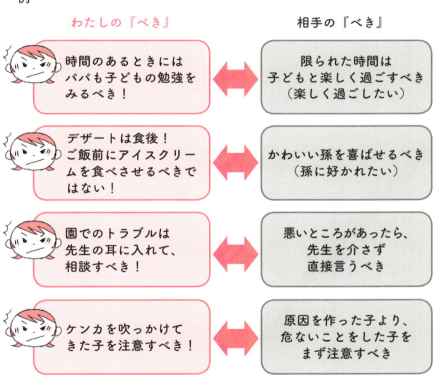

自分の『べき』と同じように、相手の『べき』にも目を向けて、自分の理想だけにとらわれないように心がけると、結果的に自分もラクになりますよ。

なぜ思いどおりにならない？

気持ちをラクにするために
〜魔法の3つの箱

　自分が追い求める「子育ての理想」のなかには、非現実的なものや、不毛なものもまぎれています。「理想」に近づこうとがんばっているものの、いい結果が表れるより、それを信じていることによって周囲の人と衝突してしまったり、子どもや自分が苦しくなってしまうものは、少し見直したほうがいい、ということもあります。

　例えば、「子どもを8時に寝かせる」ことに固執しているママ。
早寝早起きを目標とすること自体はなにも悪くありません。
けれど、「何がなんでも8時に寝かせるべき！」とママがひとりで強く決めてしまったら、どうでしょう？

理想にこだわったとき起こりうること

- 夫が帰ってくるタイミングによってイライラする
- 「ねむくない」とぐずる子にイライラする
- 自分の時間が減ることにイライラする

育児書にはいいことがたくさん書いてあります。

でも「理想」に振り回されてしまうと、イライラすることもいっぱい！

生活のバランスや、家族・社会での優先順位を飛び越えてまで、自分の「理想」を追求してしまうと、周りの人との関係や生活に歪みが生まれてしまいます。

では、周りとの衝突につながりやすい『べき』について、「とらえ方」を見直すワーク「魔法の3つの箱」をやってみましょう。同じできごとでもとらえ方が変わると、イライラがだいぶ減りますよ！

> **ワーク（次ページ）のやり方**
> BOX 1：イライラすることを書きます
> BOX 2：上のことから自分の『べき』を見つけ出します
> BOX 3：73ページを参考に、相手の『べき』を思いやったり、ほかのとらえ方を考えてどんどん書いてみましょう。そして、「そう考えると、少しイライラが減りそう」と思えるものがあれば、意識的にできごとに対する受け取り方を変えていきましょう

あまりに自分の理想に固執してしまうと「現実」とのギャップに、自分自身や家族が苦しくなってストレスが大きくなってしまうわよ！

chapter 4

なぜ思いどおりにならない？

 魔法の3つの箱

	（例）	受け取り方を変えよう
magic BOX 1 イライラすること	・8時にベッドにきたのに、ぜんぜん眠る気配がない。 ・寝かしつけの時間がムダ……	
magic BOX 2 自分の『べき』	・子どもは8時には寝かせるべき！ ・8時以降はママの自由時間であるべき！	
magic BOX 3 ほかのとらえ方・考え方	基本的には8時に寝る習慣をつけたいけれど、例外はある。 ・子どもだって興奮してたり疲れてないときがあるかもしれない。 ・目的は習慣づけだし、たまには例外があってもいいかも。 ・イライラするけど、イライラしたら早く寝るわけじゃない。同じ時間ならイライラしてるより、お話ししていよう。	

chapter 5

後悔しない怒り方
～アンガーマネジメント

目指せ、怒り上手なママ♪
「後悔しない怒り方」を身につけるための、
アンガーマネジメント解説！！

chapter 5
後悔しない怒り方〜アンガーマネジメント

「怒ること」と「怒らないこと」を明確にしよう

　毎日の子育てのなかで、つい感情的に子どもを怒っては「あそこまで怒らなくてもよかった……」と後悔したことはありませんか？　そう後悔しているならば、**本当は怒らなくてよかったことかもしれません。**

　または、「あのとき怒らなかったけど、やっぱり子どもに言うべきだった！」と怒らずに後悔したことは、**本当は怒ったほうがよかったことかもしれません。**

アンガーマネジメントとは
後悔しない怒り方ができるようになること

アンガー
怒り
＋
マネジメント
後悔しないこと

　決して、子どもを怒ってはいけない、怒りをがまんしなければいけないということではありません。

　安心しましたか？　「後悔しない怒り方」をするには、まずは「**怒ること**」と「**怒らないこと**」を区別していきましょう。それでは、次のワークをやってみましょう。

子どもがこんなとき、怒る？ 怒らない？

子どもが起きてから登園・登校するまでの朝の時間帯は、毎日が時間とのたたかい。イライラするママも多いと思います。
子どもがこんなとき、ママは子どもを怒りますか？
怒る・怒らない・どちらもある（怒るときと怒らないときがある）の3つの□の中からひとつだけあてはまるものに、チェックを入れましょう。

	怒る	怒らない	どちらもある
1 子どもが決まった時間に起きない	□	□	□
2 子どもが朝ご飯をダラダラ食べる	□	□	□
3 登園（登校）時間までに身支度していない	□	□	□
4 おもちゃを片づけない	□	□	□
5 テレビ（ゲーム）をずっと見ている	□	□	□

「どちらもある」の□に、チェックはいくつ入りましたか？

　日によって状況によって、子どもが同じことをしたとしても、ママは「怒る」ときと「怒らない」ときがありませんか？

　そう、私たちは、イライラしても怒るときもあれば怒らないときもあり、怒る・怒らないの境界線があいまいなのです。つまり、「怒ること」と「怒らないこと」が、明確になっていません。

chapter 5
後悔しない怒り方〜アンガーマネジメント

ママの怒る・怒らないの境界線の多くが「きげん」になっています。

ママのきげんがよいときはなんでも許せるのに、きげんが悪いと何もかもが許せずに怒ってしまう。

ママのきげんで怒る・怒らないという一貫性のない怒り方は子どもにとってよくないことです。

きげんで怒ってしまうことの問題点

- 子どもは、怒られるときと怒られないときの違いがわからないので何がOKで何がNGであるのか混乱する
- 「今はどうせきげんが悪いから怒っているんだろう」「今日はママのきげんがよくて怒らないだろうから大丈夫」とものごとのよしあしではなく、親の顔色をうかがって行動するようになる

きげんで怒られ続けると……

子どもが言うことをきかない
よいことと悪いことの分別がつかない
しつけが身につかない

怒る・怒らないの境界線は「**きげんのよい悪い**」ではなく「**後悔するか・しないか**」を基準に区別していきましょう。

下の「ママの理想の三重丸」を見てください。

中心の①は、ママの理想「こうあるべき」。自分の理想どおりであれば、怒りを感じません。②は自分の理想ではないけれど、許せる範囲。そして③は、許せない範囲。ママがイライラしているときは、②か③のどちらかでしょう。そもそも怒る必要のない②「ママまぁOKゾーン」の許容範囲のものまでも、「きげんが悪くて」怒ってしまっていることが多いのです。イラッとしても②に入れる努力をしましょう。

ママの理想の三重丸

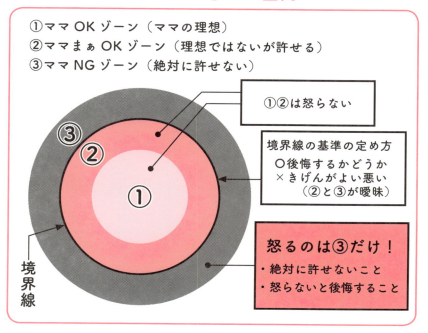

後悔しない怒り方〜アンガーマネジメント

> ## ママの器を広げて、
> ## 怒る境界線を子どもに伝えよう

　後悔しない怒り方ができるようになるためには、おこりんぼママを「怒りにくい体質」にしていくことです。三重丸の①と②を広げて、ママの器を大きくしましょう。

　ところで、器の小さいママと大きいママは何が違うのでしょうか？

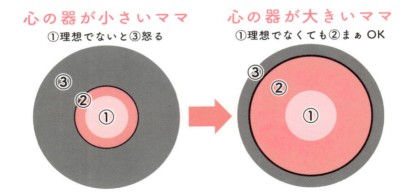

心の器が小さいママ
①理想でないと③怒る

心の器が大きいママ
①理想でなくても②まぁOK

　心の器の小さなママは、①の理想が高く、怒りの原因となる自分の『べき』に固執してしまいます。自分の理想①でなければ、許せずに③の怒りに変わってしまうのです。

　それに対して心の器が大きいママは、①自分の理想ではない状態でも、「まぁ、しょうがないか」「怒るほどでもないか」「今はできてい

なくても、いつかできるようになる」と、②「まぁOKゾーン」に入れることができるのです。つまり②の許容範囲が大きいのです。

　①の「ママOKゾーン」はあくまでも理想の状態。自分の理想を持つことは悪いことではありません。ですが、現実とのギャップが大きければ大きいほど子どものささいな言動にイライラしてしまいます。子育てでは**長い目**で「理想の状態になること」を目指しましょう。

　それではここからは、自分の②の許容範囲を知るワークに取り組んでもらいます。例えば、朝のバタバタした登園（登校）前の時間。ママは、子どもに早く身支度を終えてほしいと思っています。

　こんなとき、いつまでに身支度を終えてもらいたいですか？

 許せる範囲「まぁOK」を考えよう

> **ママOKゾーン（理想の状態）**
> 登園（登校）時間に間に合うように、身支度を終えるべき
>
> 同じ例で、どのくらい時間に余裕があれば許せますか。
> 「せめて〜ならOK」と許せるものに〇を入れましょう。
> 「許せない」ものがあれば×を入れましょう。
>
> （　）A　せめて、10分前までに身支度が終わっていればOK
> （　）B　せめて、5分前までに身支度が終わっていればOK
> （　）C　せめて、登園（登校）時間までに終わっていればOK
> （　）D　せめて、登園（登校）時間を過ぎても遅刻しなければOK
> （　）E　せめて、遅刻したとしても自分で身支度すればOK

chapter 5
後悔しない怒り方〜アンガーマネジメント

　では、○をつけた「まぁOK」の許せるなかから①の理想の状態に近いものから③のNGゾーン（許せない状態）までの優先順位をつけましょう。境界線がわかると、子どもに伝えやすくなります。
　（　）にアルファベットを書きましょう。

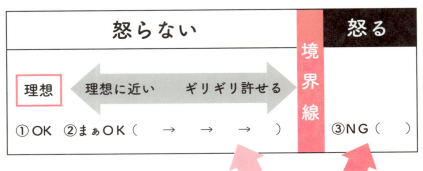

A　10分前
B　5分前
C　登校（園）時間
D　遅刻しない時間
E　遅刻しても自分で身支度

　「ちゃんと身支度をしなさい」「時間に間に合うように急ぎなさい」といった伝え方は、じつはあいまいな表現です。境界線を伝えるときは、「せめて**家を出る5分前までには身支度を終わってほしいの**」と誰にとっても同じ尺度を使って具体的に伝えるといいでしょう。

そして、「身支度にどんなに時間がかかったとしても、絶対に遅刻はダメよ」などのようにママの③「NGゾーン」も伝えましょう。

ワーク 私の怒ることリスト

絶対に許せない！　言わないと後悔する！
あなたにとって③ママNGゾーンに入ることはどんなこと？
（例：友だちの体をけったとき）

子どものために怒るのも愛！

chapter 5

後悔しない怒り方〜アンガーマネジメント

3つのルールを守って伝えよう

三重丸の③「ママNGゾーン」に入ることは子どもに伝えましょう。
どうやって伝えますか？

やさしくさとす？
子どもをたたく？　なぐる？　どなる？
それともベランダに締め出す？
または、暗い部屋に閉じ込めてお仕置き？

ママにとって「許せない！」NGゾーンに入ることであれば3つの
ルールを守って伝えましょう。

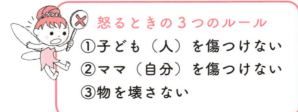

怒るときの3つのルール
①子ども（人）を傷つけない
②ママ（自分）を傷つけない
③物を壊さない

①子ども（人）を傷つけない

●人格を否定したり子どもの人権を侵害するような言葉を言わない
　→「あなたってダメな子ね」「おまえなんて産むんじゃなかった」

●暴力で支配しない
　→たたく・なぐる・ける

②ママ（自分）を傷つけない

●自分の育て方が悪かったのだと、必要以上に自分を責めない
　→「私なんて母親失格だ」「すべて母親である私の責任だ」
　などと思いつめたり、自分を責めすぎない。

　ママと子どもは親子であっても別の人間です。子どももママも完璧ではありません。反省はしても、必要以上に自分を責めなくていいのです。すべて自分の責任だと思うと子育てがつらくなってしまいます。ママは充分にがんばっていますよ！

chapter 5

後悔しない怒り方〜アンガーマネジメント

③物を壊さない

●**怒りにまかせに、物にやつあたりして壊さない**

物にやつあたりしても、怒りは小さくなりません。

そのときは、一瞬スッキリするような気がしますが、そのような解消法はさらにエスカレートして物を壊したり、人にもあたるようになっていきます。

子どもは「怒り方」を身近な親から自然と模倣して身についていきます。子どもの怒り方を見て、「私の怒り方にそっくり！」と感じることはありませんか？

3つのルールを守れば、怒ってもいいのです。子どもも怒り方上手になれるよう、ママは3つのルールを守って怒れるようになりましょう。

chapter 6

子育ての
らくらくエッセンス

アンガーマネジメントと
組み合わせて使うことで、
子育てがもっと気楽にできる♪

chapter 6

子育てのらくらくエッセンス

悪循環をまねかない叱り方

　怒ったときによく使ってしまう言葉ってありますか？
　「バカじゃないの」「いいかげんにして」「おかしいんじゃないの」
これは、残念ながら NG ワード。
　これらの言葉は相手を責める言葉（YOU メッセージ）といわれています。

　相手に言われたら、売り言葉に買い言葉になってしまいますよね？（えっ？　いつものこと？　それでは今日から NG ワードを使わないでみましょう）。

　これからは、怒りの裏にある本当の気持ち（「ガッカリ」「ショック」「不安」「嫌い」など）に気づいて、"**ママ（わたし）は、人のことをたたくのは嫌いだよ**"のように、**自分が主語となる言葉（I メッセージ）で伝える方法**がありますよ。

　適切でない表現は話しているうちに口論になってしまい、次のような親子間の負の感情サイクルを招いてしまうことがあります。

親子間の負の感情サイクル

子どもがふきげん
「友だちとケンカした」

↓

親の関与
「どうしたの？」
（子どもを助けたい気持ちがある）

↓

**不適切な
なぐさめや叱り方**
「あなたも悪いん
じゃない？」

→

子どもも気分を害する
「わかってない！」
「もういい！」

↑

**親もよけいイライラ
不適切な罰（無視・暴言）**
「勝手にしなさい！
もう知らないから！」

↑

子どもの怒りが爆発!!
不満・不安がいっぱい
「だまっておこう」
「バレないように」

親子間の負の感情サイクルでは、子どもが親に話をしなくなり、親は子どもが理解できずに親子の関係性は悪化。悪循環に陥ってしまうので、気をつけましょう。

chapter 6

子育てのらくらくエッセンス

　こんな経験はありませんか？　泣き叫んで困るから、めんどくさいからと、その場しのぎで子どもの欲求を簡単に通してしまい（電車内で、うるさくしないようにゲームをさせたり、お菓子を与えてしまったりするなど）、自分の育児方針と違うために後悔した……ということ。

　子育てにおいて軸は大事。軸があると、きげんによってコロコロ変わることなくブレない子育てができます。親子間で関係の悪循環を招かないためにも、これから大切にしていきたい子育ての軸はありますか？　ワークシートに書き出してみましょう。

ワーク　子育ての軸は？
大切にしていきたいこと、気をつけていきたいこと

例：決めつけない、理由を必ず聞いてみるなど

子どもを叱るとき、適切に表現できるように次の5つのエッセンスを活用してみましょう。

エッセンス1　一方的に決めつけない

「いつも」「毎回」「絶対」という言葉はNGワード。一方的に責めるとケンカが大きくなってしまうことがあります。

エッセンス2　きげんで怒らない

きげんで怒るのはタブー。理不尽な怒りになってしまいます。怒るときの基準は、きげんじゃなく、あくまでも事柄。前はよかったのに今はダメ！　だと子どもは混乱しますよね。

エッセンス3　過去を引っ張りださない

「今」の問題について話しましょう。
前のことを持ち出して責めてしまうと、何を叱られているのかわからなくなってしまいます。怒るときはひとつに的をしぼるといいですよ。

エッセンス4　原因を追及しない

なんで？　どうして？　と原因を責めてしまうと、相手は言い訳ばかりを探してしまいがち。「〜をしたのには、何かあった？」と聞いてみてください。きっと心を開いて正直に話してくれるはず。あとは、どうしたらいいかを一緒に考えていきましょう。

エッセンス5　人格を否定しない

「ダメな子ね」「おかしいんじゃない」「こんな子はきらい！」という人格否定はＮＧ。叱るときは、「ウソをつくのはいけないこと」「ここで走るのはいけない」など、行動を否定する伝え方をしましょう。

chapter

子育てのらくらくエッセンス

決めつけない伝え方

「まだなの！？」「何度言ったらわかるの！」「いつもそうだよね！」
つい言ってしまいがちなこのセリフ。そして、だんだん怒りもエスカレート。

ここで**大切**なのは、"決めつけない"ということ。
子どもの行動の裏には理由があったりするからです。

そこで伝え方のエッセンスをお伝えしますね。

【エッセンス１：子どもの立場で考えてみる】

叱るその前に、ちょっと子どもの立場に立って考えてみてほしいのです。もしかしたら、ママの理想の三重丸（81ページ）の②「ママまぁOKゾーン」に入って許せることがあるかもしれません。頭ごなしに決めつけたり、勢いにまかせた理不尽な怒り方をしなくてすむようになります。

次のページにある子どもの立場で考えてみる方法も参考にしてみてください。

私の気持ち	子どもの立場
「また、おねしょをして」イラッ！	緊張しているのかも、夢を見たのかも
「宿題をしなさい！」ムカッ！	勉強についていけていないのかも、疲れているのかも
「雨が降っていないのに、何でカサと長靴なの？」ムッ	お気に入りのもの、ヒーローになった気分かも
おもちゃの取り合い「いい加減にしなさい！」頭にくる	おもしろくないことがあったのかも
「片づけなさい！」腹が立つ	苦手なのかも置き場所が決まっていないのかも

【エッセンス２：提案してみる】

「いつも片づけない！」「いい加減にして！」と責めるように叱りがち。でもそれではなんの解決にもなりません。

これからは違う方法で伝えてみましょう。これからどうしてほしいのか提案してみるのです。提案は受け入れられないこともありますが、本当の気持ちを同時に伝えることで、受け入れてもらいやすくなりますよ。

怒っていることを整理するのに、次の「４つの箱」も使ってみてくださいね。

子育てのらくらくエッセンス

ワーク 4つの箱に整理して提案してみる

 BOX 1 できごと

例：何回言ってもおもちゃを片づけない

 BOX 2 言動

例：何度言ったらわかるの！
　　もう捨てるからね！　とどなった

 BOX 3 欲求

例：1回で片づけてほしかった

 BOX 4 感情（本当の気持ち）

例：同じことを何度も言って疲れる、ガッカリ、あきれる、つらい

↓

提　案

例：子どもの近くにいき、「おもちゃが出しっぱなしでママはがっかりしてるんだ。これから夕食だから6時までに（15分後）リビングにあるおもちゃをこの箱に入れてくれるとうれしいな。片づけてくれる？」と伝えてみる。

的を絞って率直に。どう提案すれば
伝わりやすいか練習をしてみましょう。

【子育てエピソード②】

　7歳になる息子は、トイレを覚えてからトイレに行くとなかなか帰ってきませんでした。家でも外でも、あまりに遅いのでトイレをのぞくと、ボォ〜ッとしていました。

　ところがある日のこと。息子と「ホッとする場所ってどこがある？」という話をしていたら、真っ先に「トイレ！」って答えたのです。トイレからなかなか戻らない謎が判明した瞬間でした。

　確かに昔からよい考えが生まれやすい場所は、馬上、枕上、厠上の「三上(さんじょう)」と言われています。アイディアが浮かびやすいランキングでも、「トイレ」は上位。ひとりでいられるし、リラックスできます。トイレからなかなか戻らないのには、それなりの理由があったんですね。

【子育てエピソード③】

　ある日のこと。目の前にドンと座っていた7歳の息子。じゃまになっていたので何気なく「どいて」と言ったら、「ママ、"どいて"という言葉はね、ボク、傷つくんだ。だから、今度から"よ〜け〜て"ってのばして言ってね！」と言われてしまいました。

　確かに、「どいて！」というのは、キツイ言い方かもしれません。その言葉は傷つくと言われてハッとしました。気持ちを伝えただけではなく、息子に代替案まで出されて1本とられたママでした。

chapter 6 子育てのらくらくエッセンス

できないのか、しないのかの見極め

　子どもが言っても言っても言うことを聞かないとき、「なんでやらないの？」「何度言っても聞かないなんて、まったく頑固なんだから！」「なんて反抗的なの？」といったいらだちはありませんか？

　ですが、子どもの様子を少し見つめ直してみてください。
　それは、「やらない」のでしょうか……？　「できるのに」なまけて「やらない」のでしょうか。
　……もしかしたら「できない」理由があるのでは？

　子どもたちにはそれぞれに個性があって、「人よりできること」も「苦手とすること」もさまざま。大人が「しない」理由を、「なまけている」とか「反抗している」と決めつけている裏に、時には思いもしない「できない理由」が隠れていることもあります。
　子どもが「わざとやらない」ととらえて叱り続けるより、「できない」本当の理由を見極めて、それに向き合うほうが「できるようになる」のによっぽど近道ですよ。

イライラの場面と子どものつまずき

話しかけてもいつもだまり込んでいてイライラ！
→聞かれていることがわからない／
　聞かれていることはわかるけど、
　自分の考えを言葉にできない

**宿題をなかなかやらない。あわよくば
やらないですませようとしてる？
なまけもの！**
→やる気の問題ではなく、視力や握力
　に問題があることも

**教室で大声を出すことを先生に叱られてもぜんぜん直さなくて、
もう！**
→ひとつの行動から次の行動にうつるのが苦手（叱っても能力はあが
　らず、せかすとかえって事態が悪化することも多い）

つまずきの原因は、子どももわかっていないことがほとんど。「叱ればできるようになる」という考えも大人の「思い込み」かもしれません。

まず、ゆっくり子どもの話を聞いてみましょう。意外な発見がありますよ。

「なまけている！」「反抗的！」と決めつけないで！
つまずいているポイントを一緒に探すことから始めましょう！

chapter 6 子育てのらくらくエッセンス

主体性を高めるアプローチ

　子どもに言うことを聞かせようとするときによくやっているのが、「親の要求や期待を一方的に押しつける」やり方です。親の言うことに疑問を持たない幼児期はこれでもうまくいきますね。

　たとえそれが多少理不尽なことでも、子どもは素直に聞きます。

　けれど、ある年齢になってくると事情が変わってきて、親に言い返したり、時には拒絶をすることも出てきます。そうすると、親の方も「おやっ？　今までのようにはいかないな……」と気づいて、戸惑ってしまうかもしれませんね。

　悩んで試行錯誤したあと、それでも今までのように親が押しつけ続けるケースもあれば、たたかうのがめんどうだからと「親の要求は取り下げて、子どもに屈し始める」ケースもあります。親の方も、子どものやりたいようにさせてばかりだと「これでいいものか？」と、自分の子育てに自信をなくす人も多いのです。

　「親の要求を押しつけるアプローチ」「子どもに迎合するアプローチ」どちらも極端なコミュニケーションです。理想的なのは、その中間をとった「親も子どもも双方が納得のいくアプローチ」です。

親がとる3つのアプローチ

①親の要求を
一方的に押しつける

②子どもの要求の
言いなりになっている

③親子ともに納得

③だと 子どもに「どうしたらいいと思うか」「どうしたらできそうか」
話の主導権を持たせることで、主体性のある解決策が見えてきます。

子どもの状況を理解しよう（99ページ参照）

子どもが抱えている心配事や考えをくわしく聞いてみる

問題を特定する手伝いをしよう

その問題を放置したら、どんな困ったことが起こるのか大人の意見を伝える（解決策は出さない！）

特定した問題を、どんな方法で乗り越えられるか、子どものアイディアをきこう（103ページ参照）

子どもに"自分でできそうな解決策"を考えてもらい、
親と子ども双方に満足できそうな着地点を探す

このやり方は、時間とエネルギーがいるけれど、
効果があるので試してみてね。

chapter 6
子育てのらくらくエッセンス

「なんで？」より「どうしたら？」の考え方

　アンガーマネジメントは、ソリューションフォーカスアプローチがベースの心理トレーニング。つまり、問題の「原因」「過去」よりも、「解決策」「未来」に焦点をあてて考えます。
　子どもにこんな言葉をかけたことはありますか？

原因探し

 なんで、ピアノの練習をしないの？
だから上手にならないのよ！

 なんで勉強しないの？
だからテストの点数が悪いのよっ！

 なんで、お友だちにおもちゃを貸せないの？
だから、泣かせちゃったでしょ！

 なんで、学校からきたプリントを出さないの？
あなたのせいで、ママは忘れ物をしたのよ

　ママは、子どもに「原因探し」をするのがとっても得意です。ただ、「原因」は変えられないことも多く、子どもを責めるだけに終わってしまうこともあります。終わってしまった過去を悔やんでも変えるこ

とはできません。

ママは、目の前の問題を解決したくて怒っていますよね?

問題を解決するためには、原因探しの「なんで?」をやめて、「どうしたら?」と未来に目を向けた解決策を考えてみましょう。

解決策

どうしたら、ピアノが上手になると思う?
どうしたらピアノの練習ができるかな?
→ おやつを食べる前に毎日30分練習をする

どうしたら、テストの点数があがると思う?
→ テストで間違えたところを復習する

どうしたら、お友だちにおもちゃを貸せるようになる?
→ 10分遊んだらおもちゃをゆずってあげる

家に帰ってすぐ、自分でお手紙を出すには、どうしたらいいだろう?
→ お手紙BOXをつくる

子どもたちはこの世に生まれて、まだ数年。子どもの年齢＝ママ年齢。子どももママも完璧ではありません。

「なんで、この子は……」「私ったら、ダメママだわ……」そう感じているときこそ、「NG探し」をやめて自分が望む未来や理想へ向けて、解決思考の「どうしたら?」で考えてみましょう。

「私はどんな子どもに育ってもらいたいのだろう?」

「私は、どんな親子関係を築いていきたいのだろう?」

「そのためには、どうしたらいいだろう?」

chapter 6
子育てのらくらくエッセンス

　子どもにとって、ママにとって、家族にとって一番よい解決策を考えて行動していけるようになりましょう。子どもたちの可能性は無限大。子育ては、これからの未来を創る子どもたちを育てる一大プロジェクト。

　親は、とても大切な役割を担っているのです。子どもは親や周囲の人から感情の扱い方や表現方法を自然とまねして身につけていきます。子どもたちが自分の感情と上手につきあい、自分の未来を切りひらいていくためにも、アンガーマネジメントのトレーニングを実践して、親子で一緒に成長していきましょう。

　ママの笑顔は子どもにとって最高の魔法。アンガーマジックで、子育てのイライラスッキリ！　ママの輝く笑顔で家庭を包んであげましょう。

いつもがんばっているママさん、
応援しているわ！
レッツ・アンガーマジック！

あとがき

　子育てにイライラ、怒りの感情はつきものです。正解がわからなくてモヤモヤ、期待にこたえてくれない夫、このままでいいのかという漠然とした不安、姑、ママ友との関係 etc.。
　子育てでイライラしない、怒らないほうが無理というものです。
　でもなんとなく怒ってはいけないのではないか？　とも思っています。
　ほとんどのママが怒ったあとで罪悪感にさいなまれ、後悔をしています。
　本文にも書いてありますが、怒ることは決して悪いことでも、間違っていることでもありません。
　怒るということは、生きていれば、子育てをしていれば絶対に必要なものです。
　怒ってもいいのです。ただ、怒る基準を決めておいて、怒ったことで後悔したり、罪悪感をもたないこと。そして、怒るにしても相手や自分、あるいは物を傷つけないこと。
　これがポイントです。「怒らない」育児をやめましょう。
　仮にまったく怒られずに育った子どもはどうなるのでしょうか。大人になったときにすごく困ることになるでしょう。
　子どものためにも、自分のためにも、自信をもって怒れるようになってください。
　本書ではアンガーマネジメントの考え方、テクニックを子育てに今日から活かせるようにまとめてあります。
　アンガーマネジメントは練習次第で誰でも上達するものです。ぜひ今日から何かひとつでも実践してみてください。
　きっとそんな遠くない日に、アンガーマネジメントによって、気持ちも軽く子育てができるようになっているでしょう。

　　　2017年3月
　　　　一般社団法人 日本アンガーマネジメント協会　代表理事　安藤俊介

付録　アンガーマジックの使い方

1　数を数えよう〜カウントバック

どんな効果があるの？	怒ったときに衝動的に言い返したりやり返したりする行動を遅らせる効果があります
どんなときに使う？	イライラした瞬間に口や手が出てしまいやすい人は、数を数えてやりすごしてみましょう

2　魔法の呪文〜コーピングマントラ

どんな効果があるの？	自分に言い聞かせることで、気分を落ち着ける、客観的になるといった効果があります
どんなときに使う？	怒り・イライラを感じたら、すぐに唱える習慣をつけましょう

3　呼吸を整える〜深呼吸

どんな効果があるの？	呼吸を整えることで、冷静さを取り戻すことができます
どんなときに使う？	怒りを感じて、呼吸が速く浅くなっているときに取り入れましょう

4　その場を離れる〜タイムアウト

どんな効果があるの？	その場を離れることで、怒りがエスカレートしてしまうのを防ぎます
どんなときに使う？	怒りを相手に強くぶつけたくなったときは自分が離れましょう

5　温度を計ろう〜スケールテクニック

どんな効果があるの？	怒りに尺度をつけることで、怒りをコントロールしやすくなります
どんなときに使う？	怒りを感じるたびに点数をつけ、怒りの強さを冷静に考えてみましょう

6　怒りの記録〜アンガーログ

どんな効果があるの？	書くことで客観的になれます。また、怒りの傾向・パターンが見えてきます
どんなときに使う？	怒りを感じたときにその場で！　分析はあとで冷静になってからにしましょう

7　怒りパターンをくずす〜ブレイクパターン

どんな効果があるの？	自分の怒りパターンを自ら壊せるようになることで、悪循環を断ち切ります
どんなときに使う？	いつもの怒り方を繰り返して、いい結果につながっていないと思ったら、取り組んでみましょう

8　幸せ日記〜ハッピーログ

どんな効果があるの？	書くことで、日々の小さな楽しさや喜びを感じられます
どんなときに使う？	日々の子育てで怒ってばかりと感じるとき、ストレスが溜まっているときに書きましょう

監修者紹介

一般社団法人 日本アンガーマネジメント協会

一般社団法人 日本アンガーマネジメント協会は、アメリカに本部を置くナショナルアンガーマネジメント協会の日本支部です。体罰防止、いじめ防止のプログラム開発を進めています。また、全国で年間 6,000 回以上の講座、講演、研修などを行い、18 万人以上（2016 年実績）の方がアンガーマネジメントのプログラムを受講しています。

著者紹介

長縄史子（ながなわ・ふみこ）

日本アンガーマネジメント協会理事。
感情理解教育として心に寄り添うアンガーマネジメントを伝えるべく、親子や青少年、教職員対象の講演・研修を行う他、新聞等で連載。アサーティブトレーナー、応用心理士。
共著書「イラスト版子どものアンガーマネジメント」（合同出版）
ブログ　http://ameblo.jp/angermanagement-hokkaido
執筆項目：14 〜 17、27 〜 44、46、47、56、57、90 〜 97 ページ

篠 真希（しの・まき）

日本アンガーマネジメント協会 1 期ファシリテーター™。
日本で初めて「母親だけのためのアンガーマネジメント講座」を開催するとともに、子ども向けプログラムの必要性を提唱、キッズインストラクター養成講座立ち上げに携わる。
共著書「イラスト版子どものアンガーマネジメント」（合同出版）
ブログ　http://ameblo.jp/aguardianangel
執筆項目：22 〜 25、48、49、66 〜 76、98 〜 101 ページ

小尻美奈（こじり・みな）

日本アンガーマネジメント協会ファシリテーター™。
元幼稚園教諭。幼児教育、子育て支援に携わるなかで、親の感情コントロールの必要性を感じ、アンガーマネジメント講座を子育て中の保護者向けに定期的に開催する他、講演、研修、キッズプログラムの開発、トレーナーの育成も行う。
ブログ　http://ameblo.jp/ohisama2525mama/
執筆項目：18 〜 21、50 〜 55、62 〜 64、77 〜 88、102 〜 105 ページ

アンガーマネジメント
キッズインストラクター養成講座のご案内

　アンガーマネジメントキッズインストラクター養成講座は、子どもたちに感情理解教育のインストラクターとして、ワークブックを使いながらアンガーマネジメントを教えられるようになるための大人向け講座です。アンガーマネジメントの基礎知識や子どもが楽しく遊びながら自分の感情に気づいたり、上手に伝えられるようになるためのワークを学ぶ内容です。

　自分や子どもの感情と上手につきあう方法を知りたい方、親子でアンガーマネジメントに取り組みたい方、子どもたちへアンガーマネジメントを伝えたい方……

　あなたもアンガーマネジメントキッズインストラクターになりませんか？

●講座内容
　　受講時間……………4時間
　　受講料金……………2万円（税別）
　　認定料金……………1万円（税別）
　　取得できる資格……アンガーマネジメントキッズインストラクター™
　　子どもの対象年齢…未就学児〜小学校高学年まで

推薦図書
『イラスト版子どものアンガーマネジメント　怒りをコントロールする43のスキル』
篠 真希＋長縄 史子（著）日本アンガーマネジメント協会（監修）

講座の詳細・お申込みは
日本アンガーマネジメント協会の
WEBサイトを御覧ください。
https://www.angermanagement.co.jp

怒りの扱い方はわかりましたか?
アンガーマネジメントをつかって
楽しく子育てしましょう♪

イラスト　いしいゆき
マンガ　　いわいざこまゆ
本文デザイン・装幀　園木彩

ママのアンガーマネジメント
子育てのイライラスッキリ！　８つのマジック

2017年 3 月15日　第 1 刷発行
2017年10月30日　第 3 刷発行

監修者　一般社団法人　日本アンガーマネジメント協会
著　者　長縄史子＋篠 真希＋小尻美奈
発行者　上野良治
発行所　合同出版株式会社
　　　　東京都千代田区神田神保町1-44
　　　　郵便番号　101-0051
　　　　電　話　03（3294）3506
　　　　振　替　00180-9-65422
　　　　ホームページ　http://www.godo-shuppan.co.jp/
印刷・製本　株式会社シナノ

■刊行図書リストを無料進呈いたします。
■落丁・乱丁の際はお取り換えいたします。

本書を無断で複写・転訳載することは、法律で認められている場合を除き、著作権及び出版社の権利の侵害になりますので、その場合にはあらかじめ小社宛てに許諾を求めてください。
ISBN978-4-7726-1298-2　NDC 140　210×148
Ⓒ一般社団法人　日本アンガーマネジメント協会,2017

大好評発売中！「怒りをコントロールする本」
監修：一般社団法人日本アンガーマネジメント協会

イラスト版 子どものアンガーマネジメント
怒りをコントロールする43のスキル

大好評6刷!

篠 真希＋長縄史子［著］　●B5判／112ページ／1700円+税

友だちにズルされた、親に腹がたつ、わけもなくムカつく…。よくある、ついカッとなったり、イラっとしてしまう場面で、自分の怒りを知り、コントロールするスキルを身につけよう！　怒りのチェックシート、アンガーマネジメントクイズ付き。

子どもと関わる人のための アンガーマネジメント
怒りの感情をコントロールする方法

川上陽子＋斎藤美華＋三浦和美［著］　●A5判／136ページ／1500円+税

子どもに「先生」と呼ばれている人必読！　衝動のコントロール、思考のコントロール、行動のコントロール、この3つを組み合わせて怒りに対処します。怒りに振り回されることなく、子どもたちと充実した毎日を送りましょう！

合同出版